Dès la première séance, le grand Conseil du spiritualisme poursuivra régulièrement ses travaux.

En attendant, nous serons reconnaissant à tous *les journaux spiritualistes* sans distinction de nuances de publier notre appel. Notre personnalité disparaîtra dès le fonctionnement régulier du grand Conseil.

PAPUS.

MARTINES DE PASQUALLY

Par PAPUS

ET LES MIROIRS MAGIQUES

Par SÉDIR

Au retour des vacances, nos lecteurs ne manqueront pas d'ouvrages nouveaux pour les aider dans leur campagne d'hiver. Ils en trouveront, du reste, parmi ceux que cette année a vus naître, un grand nombre consacrés à la pratique ; témoignage, sans doute, des progrès accomplis dans nos groupes. Il faut citer dans ce sens : *les Tempéraments d'après Jacob Bœhm*, par Sédir, pour la culture mystique ; la traduction scrupuleuse de *la Lumière d'Egypte*, par Tabris ; l'excellent *Traité élémentaire d'Astrologie* d'Abel Haatan, et *les Arts divinatoires* de Papus pour la lecture de l'Avenir ; *Martines de Pasqually*, encore par Papus, notre apôtre infatigable, et *les Miroirs Magiques*, par Sédir, pour le développement personnel.

Ces deux derniers livres, en leur petite taille, ont une telle importance pratique, touchent à des questions si essentielles, qu'ils méritent d'attirer particulièrement l'attention.

*
* *

Martines de Pasqually

Parlons d'abord de la vie et de l'œuvre Martines de Pasqually, le maître mystérieux de Saint-Martin. Elle n'intéresse pas seulement les nombreux martinistes que nous comptons parmi nos amis, elle s'adresse aussi bien à tous ceux qui veulent se faire une idée précise de la portée et de la pratique de l'Occultisme. Avec ces lettres tout intimes d'un si grand maître, nous sommes introduits, à sa suite, à l'intérieur des loges si fermées que les meilleurs chercheurs n'en avaient pu pénétrer complètement le mystère.

Nul n'était mieux désigné que notre maître Papus pour recevoir le soin de recueillir et de remettre au jour ces précieux documents. C'est par le *Martinisme* qu'il a débuté dans ses études ésotériques; c'est du Martinisme qu'il a reçu cette ardeur de propagande intelligente autant qu'habile qui a si profondément remué le public; le Martinisme lui doit un nombre de disciples assez grand pour qu'il ait pu les rassembler en une large association répandue fort loin.

Il nous démontre parfaitement du reste l'authenticité de ces pièces fidèlement préservées pendant un siècle; il les a classées aussi et interprétées avec une clarté particulièrement appréciable en ces mystères; il

L'Initiation

Revue philosophique des Hautes Études

PUBLIÉE MENSUELLEMENT SOUS LA DIRECTION DE

PAPUS ☩ O. ✠

Docteur en médecine — Docteur en kabbale

29e VOLUME. — 9me ANNÉE

SOMMAIRE DU No 1 Octobre (1895)

Groupe indépendant d'études ésotériques. — Ordre martiniste. — Église gnostique. — L'École pratique de magnétisme. — Une image astrale. — Livres reçus. — Bibliographie. — Swedenborg.

Tout ce qui concerne la Rédaction et les Échanges doit être adressé 42, rue des Perchamps, Paris.

Administration, Abonnements : 79, rue du Faubourg-Poissonnière — Chamuel, éditeur.

Numéro : UN FRANC. — Un An : DIX FRANCS

PROGRAMME

Les Doctrines matérialistes ont vécu.

Elles ont voulu détruire les principes éternels qui sont l'essence de la Société, de la Politique et de la Religion ; mais elles n'ont abouti qu'à de vaines et stériles négations. La Science expérimentale a conduit les savants malgré eux dans le domaine des forces purement spirituelles par l'hypnotisme et la suggestion à distance. Effrayés des résultats de leurs propres expériences, les Matérialistes en arrivent à les nier.

L'*Initiation* est l'organe principal de cette renaissance spiritualiste dont les efforts tendent :

Dans la Science, à constituer la *Synthèse* en appliquant la méthode analogique des anciens aux découvertes analytiques des expérimentateurs contemporains.

Dans la Religion, à donner une base solide à la *Morale* par la découverte d'*un même ésotérisme* caché au fond de tous les cultes.

Dans la Philosophie, à sortir des méthodes purement métaphysiques des Universitaires, à sortir des méthodes purement physiques des positivistes pour unir dans une Synthèse unique la Science et la Foi, le Visible et l'Occulte, la Physique et la Métaphysique.

Au point de vue social, l'*Initiation* adhère au programme de toutes les revues et sociétés qui défendent l'*arbitrage* contre l'arbitraire, aujourd'hui en vigueur, et qui luttent contre les deux grands fléaux contemporains : le *cléricalisme* et le *sectarisme* sous toutes leurs formes ainsi que la *misère*.

Enfin l'*Initiation* étudie impartialement tous les phénomènes du Spiritisme, de l'Hypnotisme et de la Magie, phénomènes déjà connus et pratiqués dès longtemps en Orient et surtout dans l'Inde.

L'*Initiation* expose les opinions de toutes les écoles, mais n'appartient exclusivement à aucune. Elle compte, parmi ses 60 rédacteurs, les auteurs les plus instruits dans chaque branche de ces curieuses études.

La première partie de la Revue (*Initiatique*) contient les articles destinés aux lecteurs déjà familiarisés avec les études de Science Occulte.

La seconde partie (*Philosophique et Scientifique*) s'adresse à tous les gens du monde instruits.

Enfin, la troisième partie (*Littéraire*) contient des poésies et des nouvelles qui exposent aux lectrices ces arides questions d'une manière qu'elles savent toujours apprécier.

L'*Initiation* paraît régulièrement du 15 au 20 de chaque mois et compte déjà huit années d'existence. — Abonnement : 10 francs par an

(Les collections des deux premières années sont absolument épuisées.)

n'y a donc guère à ajouter à des commentaires si complets et si méthodiques. Cependant ces lettres sont tellement suggestives qu'il ne peut être inutile d'insister sur leurs déductions principales.

La plupart de nos lecteurs savent la richesse des symboles martinistes, si primitifs cependant ; beaucoup d'entre eux ont poussé bien loin déjà les développement des principes supérieurs qu'ils représentent. Mais combien savent avec précision à quelle doctrine ils aboutissent, jusqu'à quelle pratique ils conduisent, quel rôle social le Martinisme a pu remplir ? Ces lettres de Martines nous l'apprennent et nous fournissent sur ces trois questions de très hauts enseignements.

Le caractère des pratiques qui y sont révélées est peut-être ce qu'il y a de plus remarquable :

Deux voies parallèles, opposées, conduisent, on le sait, au maniement des forces invisibles : l'une toute de passivité, *l'Illuminisme mystique;* l'autre toute d'activité, le *Magisme.*

La première, indiquée par l'*Imitation de Jésus Christ*, enseignée par saint François de Sales, par saint Bonaventure, par sainte Thérèse, et une foule d'autres auteurs catholiques, ou encore par les yoguis de l'Inde (représentés pour nous par la *Lumière sur le sentier*), comprend trois étapes principales : la Vie purgative, la Vie illuminative et la Vie unitive.

Dans la première il faut anéantir toute passion terrestre : « Tue l'ambition, tue le désir de vivre, tue le désir de la sensation », dit la *Lumière sur le sentier :* il faut ensuite éteindre ses propres facultés et, au prix de mille angoisses, faire en soi un vide complet où les influences supérieures puissent descendre sans aucun mélange ; « prépare-toi à recevoir le pèlerin ; « cherche le guerrier et laisse-le combattre en toi », dit-on au disciple. Il doit faire en son âme la nuit obscure afin que rien de terrestre ne ternisse « la lumière divine » qui viendra l'illuminer ; il doit faire l'absolu silence pour qu'aucun écho d'en bas ne trouble « la voix d'en haut », « le chant de vie » qui doit se faire entendre au loin.

Après les longs et pénibles travaux de cette seconde période, la lumière jaillit enfin, l'incompréhensible fusion commence ; « la fleur qui a grandi dans l'orage « s'épanouit en silence aux rayons du soleil divin » ; la divine harmonie retentit admirable ; un ravissement céleste récompense amplement les souffrances du néophyte, et en même temps la Puissance divine à qui son âme a fait place vient opérer par lui avec une facilité croissante les prodiges de la clairvoyance, de la guérison, de la prophétie sacrée.

C'est la voie d'amour, où s'exercent les facultés féminines.

L'autre, à l'inverse, exige du néophyte, avec la même pureté de cœur préliminaire, l'exercice incessant d'une volonté qui doit se faire intrépide et se doubler d'intelligence et de prudence : « Savoir, vouloir, oser, se taire » est ici la devise du disciple. Il est appelé à dompter par sa propre énergie les forces inconscientes de la nature, à conjurer les êtres invisibles, à les contraindre d'opérer pour lui, quand il le souhaite, les prodiges magiques : talismans, guérisons ou révélations même. Tout le monde connaît ces opérations que Papus nous a détaillées dans son *Traité de Magie pratique* en leurs triples degrés d'aimantation, de concentration et d'évocation, ou opération capitale.

C'est la voie de Volonté où s'exercent les facultés masculines ; c'est celle que les anciens nommaient la *magia innaturalis*.

Deux mots, correspondant à leur opération principale, caractérisent nettement ces deux œuvres occultes :

La première INVOQUE l'Esprit, la seconde l'ÉVOQUE (1).

Elles ne sont pas les seules : il en est une troisième, moins connue, moins exclusive aussi, moins extrême, qui joint la puissance de la volonté magique à l'humble piété du mysticisme, mais en les appliquant à des objets différents. Sans abandonner l'exercice de sa propre initiative, l'initié y appelle à son secours la puissance divine dont il désire se faire l'agent actif.

Il *invoque* le divin ; il *évoque* quand il le faut l'humain et l'infra-humain.

Cette troisième forme de l'Occultisme, qui est la plus pure, la plus puissante, mais la plus difficile aussi, est celle de la *Théurgie*.

C'est elle que définit comme voici le remarquable initié qui a écrit *Art Magic*.

« Les fonctions principales des prêtres anciens « étaient de trois sortes : Trouver le point de contact

(1) Invoquer, *vocare-in ;* appeler en soi, à son secours, *subjectivement*.

Evoquer, *vocare-ex ;* appeler l'esprit hors de son séjour, le contraindre à une comparution extérieure, *objective*.

« ou d'union entre l'homme et les êtres qui lui sont « supérieurs ;

« Découvrir les lois constitutives de l'être humain « et lui apprendre à adapter ses actions à la volonté « de ces êtres supérieurs ;

« Invoquer ou solliciter leur aide pour l'accomplis- « sement de la mission terrestre de l'homme. »

Pour cette dernière fonction la Théurgie a recours aux élans du mysticisme et développe toutes les facultés occultes qu'il comporte. Le théurge collabore ensuite avec les puissances supérieures par la projection de sa propre volonté soit sur les éléments de la nature physique, soit sur les esprits inférieurs, soit sur ses semblables et à toute distance : la suggestion, la lecture dans la pensée, l'ubiquité même sont à sa disposition s'il le faut.

Apollonius de Tyane nous décrit dans le *Nuctaméron* les difficiles degrés de cette énorme initiation ; c'est celle des Mages antiques, des Egyptiens dont Moïse est le plus illustre disciple ; c'est encore l'initiation des alchimistes et des Rose-Croix du moyen âge ; c'est celle à laquelle se rapporte Martines, disciple de Bœhm, bien qu'il ne la poursuive pas dans toute son étendue.

Nous le voyons, en effet, par ses lettres, enseigner une certaine magie cérémonielle facile à reconnaître bien qu'elle n'y soit qu'indiquée. Le rituel s'en accomplit la nuit, en période lunaire convenable, principalement aux équinoxes, mais il est fort simple et exclusivement protecteur : ni épée ni bâton, aucune arme offensive, un simple cercle éclairé de quelques bougies, renforcé d'un triangle et de trois ou quatre mots puissants. Dans ce cercle, l'initié, convenablement orienté, au lieu d'*évoquer* debout, impératif, énergique, comme le Magicien, se prosterne humblement pour *invoquer*. (C'est la seule expression que les lettres nous répètent avec insistance.) Il attend alors avec patience la vision qui commencera par de rapides éclairs et finira par une apparition complète. Willermoz attendit plus de vingt ans avant d'y réussir, mais les documents montrent que le succès était fréquent dans l'école.

Ce rituel s'accompagnait du reste des pratiques catholiques les plus exactes.

Le but poursuivi dans ces « communications » était simplement un enseignement théorique, une doctrine qui était répandue ensuite par les martinistes dans les loges maçonniques en vue d'une influence sociale.

*
* *

Cette doctrine ne ressort pas complètement des quelques passages que Papus a eu soin de rassembler en un chapitre spécial : il nous la développera sans doute dans l'ouvrage qu'il nous promet sur Willermoz ; en attendant, il la résume très nettement en quelques mots. C'est de l'homme tout particulièrement qu'elle s'occupe, et, plus spécialement encore, de sa chute et de sa « réintégration ».

Parmi les Anges créés tout d'abord, que Martines nomme « les Esprits premiers libres », quelques-uns ayant prévariqué par orgueil, l'Univers physique fut formé pour les « contenir en privation », puis l'Homme fut créé à son tour et placé dans la même enceinte avec mission de régénérer les anges déchus. Mais, s'étant au contraire laissé corrompre par eux, par imprudence et présomption, il tomba à son tour dans son état actuel de matérialité.

Il lui est permis de se « réintégrer » en identifiant à nouveau sa volonté à celle de Dieu, et, alors, la Nature entière déchue avec les anges rebelles sera réintégrée avec lui ; mais il lui faut pour cela l'assistance des Anges restés purs, et il lui est permis d'entrer avec eux en communication.

Saint-Martin nous apprend en outre que la réintégration se fait par trois moyens successifs : l'effusion du sang (guerres et sacrifices), la douleur et l'amour ; à ces trois moyens correspondent trois âges principaux de l'humanité dont le dernier a commencé avec Jésus-Christ que Saint-Martin nomme « le Réparateur ».

Cette doctrine de la Chute, que le philosophe Baader (de 1797 à 1832) a spécialement développée et soutenue était issue de celle de Bœhm dont cet auteur était disciple comme Martines. Toutefois, il faudra remarquer, parmi les lettres que Papus nous révèle, celle où Saint-Martin distingue clairement le grand maître Bœhm de ses disciples. Les théories de ces derniers sont moins universelles et moins exclusivement mystiques, « plutôt spirituelles que divines ». Elles s'attachent au progrès de l'humanité avec le secours des messagers divins ; Bœhm songe plutôt à la réintégration directe au sein de la Divinité.

Cette remarque nous donne le caractère du grand

mouvement martiniste. Ce n'était pas tout à fait une école d'*Illuminisme*, car l'illuminisme est purement mystique ; c'était une tentative d'application sociale avec diffusion prudente par les loges, c'est-à-dire un effort très remarquable de restitution d'un collège ésotérique pour l'initiation la plus pure et la plus synthétique et en vue d'une régénération sociale.

Cet effort a-t-il réussi, comme le pouvaient faire espérer les premiers succès et la haute valeur des disciples qui s'y étaient consacrés ? — Nullement !

Dans cet excellent chapitre sur les sociétés secrètes qui sont comme l'âme de ce livre substantiel, Papus nous montre avec sa netteté de vue et d'exposition ordinaires ce qu'il est advenu du Martinisme ; nous allons voir pourquoi.

*
* *

La Franc-Maçonnerie moderne, née en Angleterre, ne tarda pas, nous dit-il, à se partager en deux tronçons rivaux : l'un, *la Grande Loge anglaise de France*, à tendances pratiques (vengeance des Templiers); l'autre, celle du *Rite écossais*, plus philosophique, issue de l'Illuminisme, aboutissant *au Conseil des Empereurs d'Orient et d'Occident* (la reconstruction du Temple, les traditions des thérapeutes et la Rose-Croix).

C'est à ce second groupe que se rattachent les loges martinistes. Puis la scission s'accélère ; de misérables scandales accentuent le caractère sectaire des loges françaises qui aboutissent par l'intrigue à la fondation du *Grand Orient*. Le Rite écossais, en partie déchu lui-même, fusionne à son tour avec ce Grand Orient en lui fournissant ses grades mystiques supérieurs, tandis que les loges martinistes isolées s'endorment petit à petit. Puis la Franc-Maçonnerie abandonnée depuis longtemps déjà des supérieurs inconnus (S ∴ I ∴) va, à travers les désordres sanglants de 1793, après avoir porté et maintenu quelque temps la bourgeoisie au pouvoir, tomber dans cet état de matérialisme dégénérescent, où nous la voyons aujourd'hui (1).

D'où vient donc cette échec ? Il faut l'attribuer au caractère trop restreint encore de l'Initiation martiniste : sa Théurgie manquait trop des pratiques volontaires ; restée trop près de l'Illuminisme elle n'avait pas assez développé chez ses disciples ces facultés actives du magisme qui donnent la puissance réelle sur le monde terrestre ou inférieur.

L'adaptation par Martines de l'occultisme à l'accomplissement terrestre, n'étant pas complète, ne pouvait satisfaire les esprits pratiques, ou forger assez fortement tous les anneaux de la chaîne hiérarchique qui relie les moindres disciples aux plus initiés ; la rupture était inévitable. Le mystère qui n'avait sa raison d'être que dans les grades supérieurs, ou dans

---

(1) On sait comment les symboles mêmes menacent d'en être exclus à la suite du G ∴ A ∴ d ∴ l ∴ U, de sorte qu'elle ne subsite plus que comme une société d'assistance politique mutuelle.

La Franc-Maçonnerie française a coupé sa propre tête avant de trancher celle de la Royauté.

ceux qui auraient dû y conduire sans discontinuité, fut conservé partout après la scission ; mais il ne pouvait plus être alors qu'une forme de la conspiration politique, au lieu d'être la condition de la régénération sociale ; agent de la révolution, non d'évolution : telles furent les créations des *ventes* et des *carbonari* qui achevèrent la décadence.

*
* *

Sachons apprécier le très haut enseignement que nous donne ici l'histoire sur le rôle véritable de l'occultisme et la mission de ses initiés. Ceux-ci ne doivent négliger aucune branche de science divine, aucun des deux pôles de sa pratique, s'ils veulent être en état d'accomplir le grand œuvre du *Solve et coagula* dont Moïse et le Christ nous ont laissé des modèles si sublimes.

Et comme aucun de nous n'est capable, sans doute, d'un travail aussi vaste, comme en notre faiblesse de néophytes nous sommes obligés de spécialiser nos études mêmes, nous ne pourrons mériter les appuis supérieurs que nous cherchons encore qu'en unissant en une fraternité cordiale et sincère tous nos efforts divers vers le Bien et la Science.

Ce fut la pensée première du groupe ésotérique : c'est aussi fort heureusement celle qui se formule parmi nous tous de plus en plus en ce moment par des projets d'union multipliés (1). Reconnaissons bien

(1) Toutes félicitations sont dues à ce propos à notre frère Jounet pour l'activité intelligente de ses efforts en faveur de ce Congrès de l'Humanité proposé d'abord par notre re-

que, si les rivalités des premiers temps se sont montrées trop ardentes, ce n'était que par excès de zèle et de conviction ; hâtons-nous maintenant de nous rassembler en unité où toutes les dispositions individuelles trouveront un libre exercice avec un but commun : la conquête de l'invisible supérieur pour le perfectionnement terrestre. Une fois l'union faite, la hiérarchie s'établira bientôt pour effacer les personnalités au profit exclusif du Grand-Œuvre.

Voilà la première leçon que nous donnent les lettres de Martines ainsi éclairées par Papus.

La seconde est relative à l'action sociale.

C'est encore un devoir pressant pour l'occultiste que celui d'adapter la Science des Principes à tous les besoins sociaux de son temps, parce que ces besoins se modifient avec la marche de l'évolution. Ce n'est pas assez qu'il tente de perfectionner, en même temps que la sienne, quelques âmes particulièrement disposées aux efforts suprêmes, il faut encore qu'il puise dans l'ésotérisme les formules pratiques et simples adaptées aux justes instincts, aux désirs légitimes de la foule, ou celles qui doivent ennoblir ces désirs eux-

gretté en mysticisme *Amo*. Élaborée comme elle l'est dans l'*Etoile*, cette conception qui paraissait d'abord beaucoup trop vaste pour s'accomplir commence à se condenser ; il s'en dégage même déjà une forme plus durable et plus pratique encore, celle d'une *Alliance universelle* qu'on a raison, du reste, de distinguer du projet de *Conseil central du Spiritualisme* émis par notre amis Papus. Ce sont des conceptions qui, loin de s'exclure, semblent correspondre à deux besoins différents, mais sont destinées à se prêter un mutuel appui. Il faut en dire autant de cette proposition du Congrès des Religions que l'on doit être enchanté de voir surgir en ce moment du sein de l'Eglise catholique.

mêmes. C'est encore une tâche où l'école Martiniste semble s'être montrée insuffisante, si l'on en juge par l'œuvre du plus célèbre et de ses initiés, Saint-Martin, ou par les sombres conceptions de son disciple Joseph de Maistre.

Nous avons aujourd'hui un grand maître en cette œuvre d'adaptation sociale ; tout le monde a nommé Saint-Yves, l'éminent disciple qui a su réserver si complètement, selon la tradition occidentale, les principes orientaux ou payens de son maître, avant lui presque ignoré, Fabre d'Olivet. C'est en cette école que nous trouverons nos modèles pour compléter ceux du Martinisme.

Bien d'autres questions encore, fort imposantes, surgissent à la lecture de ces curieuses lettres, mais il faut se borner à celle qui viennent d'être effleurées, et laisser au lecteur le charme de résoudre les autres. Les réflexions que nous venons de soulever avaient surtout pour but de préciser quelque peu l'entraînement de l'initiation occultiste. C'est par là que le livre attrayant de Papus se rattache à celui dont nous avons encore à parler.

Les Miroirs magiques, par Sédir.

Une simple plaquette de quelque soixante-dix pages, mais savante, méthodique, condensée comme tout ce que produit notre infatigable et modeste frère Sédir ; tellement remplie même qu'il est presque impossible de l'analyser. Précieux, en outre, ce tout petit manuel des Miroirs magiques, en ce que ces feuilles faciles, et si documentées cependant, ne sont pas seulement celles d'un érudit. C'est un praticien expérimenté qui les a écrites ; elles doivent faire autorité ; les assertions des maîtres de tous pays en ont été généralement vérifiées par la propre expériences de l'auteur, et nous savons déjà, par *les Tempéraments d'après Bœhm*, qu'il n'est pas moins familier avec l'initiation purement mystique.

Il nous apprend d'abord ce qu'est la clairvoyance : quelle place importante elle occupe dans le cours de l'initiation et comment le Miroir en aide le développement. Il nous explique ensuite quelles visions nous pouvons obtenir, quels caractères partagent les miroirs qu'il divise en trois classes, quels sujets sont les mieux disposés à en tirer profit.

Après toutes ces explications théoriques où les subtilités orientales, éclaircies en quelques mots, s'ajoutent à l'autorité des maîtres occidentaux, nous trouvons d'abord les formes variées du Miroir dans les divers pays, puis tout le rituel nécessaire à la pratique. Une bonne liste bibliographique complète l'ouvrage.

Il est impossible de suivre ici tous ces détails aussi sobres que complets, il faudrait tout citer ; mais il y deux passages sur lesquels il est fort intéressant d'insister parce qu'ils viennent à l'appui des réflexions suggérées tout à l'heure par le livre de Papus.

Le premier de ces passages est celui qui donne la théorie du Miroir magique. Sédir, l'empruntant principalement à l'Inde, y voit un instrument qui d'une part assoupit pour ainsi dire en son foyer la vision physique, par une sorte d'hypnose, et de l'autre, au contraire, condense la lumière astrale au même foyer où viennent se concentrer les vibrations de la lumière physique.

On pourrait peut-être désirer une explication qui satisfasse plus complètement à l'interprétation de toutes les conditions du phénomène, comme l'éveil complet de l'observateur qui reste en pleine conscience, la nécessité d'une substance capable de retenir le magnétisme que doit fournir le sujet ou son assistant, celle de cette magnétisation même, l'influence diverse des diverses substances employées comme Miroir... Mais, quoi qu'il en soit, cette théorie aussi bien que toute autre qui pourrait la rectifier fait suffisamment ressortir la particularité sur laquelle il est utile d'attirer ici toute l'attention du lecteur. Elle est très explicitement établie par cette citation d'un savant et haut initié que Sédir a tirée pour nous de l'*Art Magic*.

« *Les esprits n'apparaissent pas effectivement dans le cristal*, mais le voyant reçoit une aide magnétique pour pénétrer profondément le monde spirituel au travers du translucide de l'instrument. »

Il s'agit donc d'une *Invocation* comme dans la pratique martiniste, et non d'une *Evocation* magique. Si l'on ajoute avec Sédir, d'après Nostradamus, que dans la consécration du Miroir de cristal, le voyant doit s'engager à ne l'employer à aucun mauvais usage, on voit pleinement à quel ordre d'initiation sa pratique appartient, bien différente de celle des miroirs de charbon (ou de carbures) ; ceux-ci font aisément glisser l'observateur dans une nécromancie plus ou moins saine et dans ces horribles expériences qui avaient terrifié du Potet lui-même en ses dernières années.

Le second passage que nous avons à noter est fait encore pour corroborer ces remarques ; c'est celui qui nous explique la clairvoyance elle-même ; il se résume dans un tableau qu'il faut reproduire d'abord, celui des diverses formes de la *divination*, c'est-à-dire de la correspondance avec le *divin* (1) :

	ADAM interroge comme :		
Le COSMOS est interrogé comme suit :	HOMME PHYSIQUE	HOMME ANIMIQUE	HOMME INTELLECTUEL
Nature naturée.	1. Présages naturels.	2. Songes (sommeil hypnotique).	3. Astrologie judiciaire. Tarots.
Humanité. (universelle)	4. Physionomie générale.	5. Sensibilité astrale (clairvoyance, etc.).	6. Lecture dans la pensés.
Nature naturante.	7. Magie (manifestations physiques).	8. Extase.	9. Prophétie consciente.

Pour faire ressortir toute l'harmonie de cette classification, il suffit de la décomposer comme il suit dans les deux quaternaires qui s'y entrecroisent :

»	(2) Les Songes et les visions somnambuliques.	»
(4) La Physiognomonie générale.	(5) Au moyen de la sensibilité astrale.	(6) La lecture dans la pensée.
»	(8) L'extase.	»

(1) On s'est permis cependant d'y proposer une légère modification ; le *Tarot*, qui était dans la case 6 a été joint à l'astrolo-

Premier quaternaire : l'homme animique interroge l'Humanité Universelle, qui lui répond par :

(1) Les présages naturels.	«	(3) L'Astrologie judiciaire et les Tarots.
»	(5) Au moyen de la sensibilité astrale.	»
(7) La magie.	»	(9) La prophétie.

Second quaternaire : l'homme sensationnel ou intellectuel interroge la nature (naturante et naturée), qui lui répond par :

On voit alors apparaître : en premier lieu, le caractère de la sensibilité astrale qui est la première condition, l'instruction primaire de toute divination ;

En second lieu, la distinction fondamentale entre tous les modes de divination. Ceux du premier quaternaire (à nombres pairs) représentent la divination *subjective*, passive, féminine, qui correspond à l'*espace*.

Ceux du second quaternaire (à nombres impairs), représentent la divination *objective*, active, masculine, correspondant au temps.

Voilà nos deux espèces d'initiation, d'amour et de volonté nettement distinguées, mais rassemblées dans l'unité du premier tableau pour constituer l'initiation complète, la Théurgie.

C'est à celle-là que doivent tendre tous les efforts

---

gie, et on lui a substitué *la Lecture dans la pensée*, comme représentant l'interrogation de l'homme par l'homme intellectuel ; on a ajouté aussi le sommeil hypnotique aux songes.

du disciple ; c'est la seule qui lui donnera, pour le bien de ses frères contemporains, autant qu'il sera susceptible d'en acquérir.

Le développement de la sensibilité astrale, la pratique du Miroir, ce sont les premiers pas, et, bien qu'elle ne paraisse pas tout d'abord nécessaire à l'œuvre magique, masculine, elle n'y est cependant pas inutile : on peut évoquer sur le Miroir comme dans l'espace ; les exemples en sont fréquents ; il suffit de rappeler celui du célèbre Cagliostro.

C'est ce développement astral que demandait principalement le Martinisme, comme nous l'avons vu ; nous avons dit aussi qu'il avait négligé trop peut-être celui de la Volonté, mais il faut ajouter que, si ce défaut lui a laissé quelque faiblesse par où il a échoué en sa mission, le défaut contraire, celui qui consisterait plus spécialement dans les développements magiques, eût été bien plus grave. Laissée à elle-même, sans le contrepoids de l'humilité mystique, sans le secours des Puissances supérieures *invoquées*, l'*évocation* magique verse fort aisément dans la superstition, dans la folie, ou dans le crime à peine réparable de la sorcellerie, car l'opérateur y est en butte à la fois aux pièges de la vanité s'il triomphe, aux assauts de toutes les puissances inférieures si la cuirasse de symboles et de volonté qui l'en garantit vient à présenter le moindre défaut.

C'est pourquoi toutes les religions ont prohibé la pratique publique de la Magie en la réservant pour le sanctuaire où elle n'est plus que la servante de la Théurgie.

Voilà quelques-unes des remarques que suggèrent ces deux livres ; on voit à quels purs enseignements ils se rapportent, et comme ils sont dignes de la meilleure place dans la bibliothèque de nos lecteurs.

F.-Ch. Barlet.

PARTIE PHILOSOPHIQUE ET SCIENTIFIQUE

ESQUISSE
D'UNE HISTOIRE DE L'INDE ANTIQUE

Il y a environ un siècle, lorsque l'étude du sanscrit permit aux Européens de soulever le voile qui cachait une littérature jusqu'alors inconnue, on crut avoir découvert la source de toutes les civilisations et de toutes les religions humaines, on crut qu'on allait pouvoir remonter à une antiquité des plus reculées, plus reculée que celle de l'Egypte.

Cet enthousiasme tomba bien vite. On reconnut que, si intéressants que fussent la vie et les idées des anciens peuples de l'Inde, cette civilisation n'était pas bien vieille et qu'elle ne pouvait pas nous donner la solution du problème tant cherché des origines.

L'Inde ancienne n'a pas d'histoire, et comment faire? Ses livres ne fournissent aucun document sur sa chronologie passée, et ses monuments ne peuvent pas remplacer les livres, puisque les plus anciens sont de trois siècles à peine antérieurs à notre ère.

Force nous est donc d'avoir recours aux transformations des croyances religieuses qui ont toujours

Principaux Ouvrages recommandés pour l'étude de l'OCCULTISME et de ses applications

---

CONTEMPORAINS

F.-Ch. Barlet	L'Évolution de l'Idée. L'Instruction Intégrale.
Stanislas de Guaita	Le Serpent de la Genèse. Le Temple de Satan.
Papus	Traité méthodique de Science Occulte. Traité élémentaire de Magie pratique. La Science des Mages.
A. Jhouney	Ésotérisme et Socialisme.
René Caillié	Dieu et la Création.

CLASSIQUES

Eliphas Lévi	La Clef des Grands Mystères.
Saint-Yves d'Alveydre	Mission des Juifs.
Fabre d'Olivet	La Langue hébraïque restituée.
Albert Poisson	Théories et Symboles des Alchimistes.

LITTÉRATURE

Jules Lermina	La Magicienne. A Brûler.
Bulwer Lytton	Zanoni. La Maison Hantée.

MYSTIQUE

P. Sédir	Jeanne Leade. Jacob Bœhme et les Tempéraments.

TOURS, IMP. E. ARRAULT ET CIE.

www.ingramcontent.com/pod-product-compliance
Ingram Content Group UK Ltd.
Pitfield, Milton Keynes, MK11 3LW, UK
UKHW021030220726
13924UKWH00001B/216

9 782019 934279